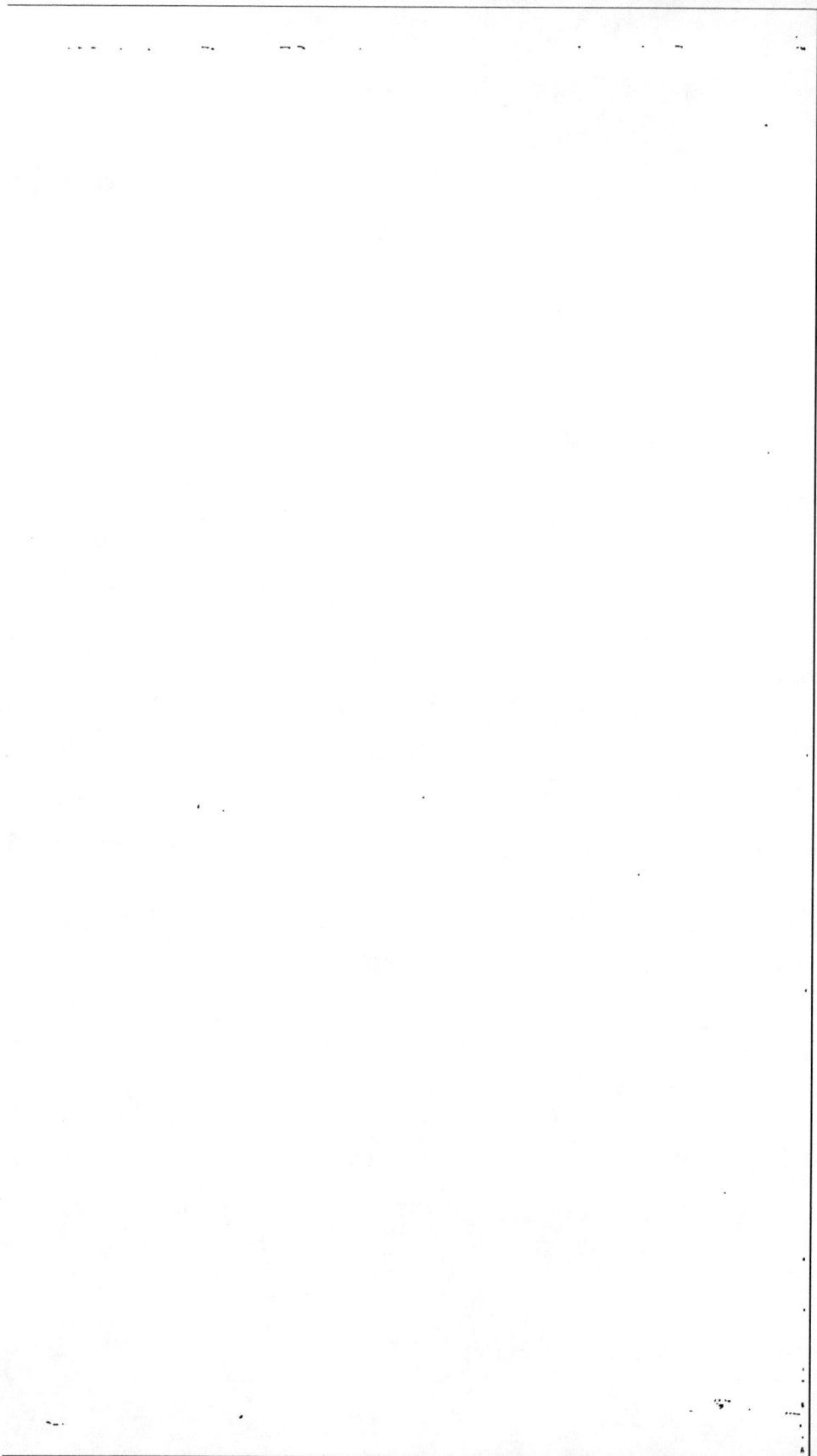

# MUSÉE CERNUSCHI

## Exposition de

## Peintures Chinoises

## anciennes

### *CATALOGUE SOMMAIRE*

AVRIL - MAI - JUIN 1912

Une exposition de peintures chinoises ne peut être organisée dans les mêmes conditions qu'une exposition de peintures exécutées en Europe. Le public est accoutumé à voir, dans les rétrospectives qu'il visite, des œuvres bien définies, cataloguées avec précision, pouvant être attribuées à des maîtres et à des écoles déterminés. Une présentation analogue serait impossible dans le cas actuel. Il serait téméraire de circonscrire l'œuvre d'un artiste chinois, quelque connu qu'il soit, comme nous pouvons le faire pour celle d'un Mantegna ou d'un Rembrandt. L'évolution de la peinture s'est effectuée chez les Célestes selon des rythmes infiniment plus étendus, la « transmission des modèles classiques » étant considérée comme une des principales règles de leur art. Aux siècles et aux fractions de siècles de l'histoire de l'art occidental, la Chine oppose de vastes périodes qui comprennent parfois l'effort de nombreuses générations.

Il s'agit de savoir si nous pouvons, dans nos recherches esthétiques, nous appuyer sur les écrits abondants que les sinologues ont étudiés et traduits; si nous pourrons un jour procéder en connaisseurs au classement des précieux rouleaux et des peintures d'album qui nous sont parvenus en Europe, ou bien si l'on devra se contenter de n'éprouver vis-à-vis des images chinoises que des sensations de rêve et de recueillement poétique.

A la philosophie d'art, à la chronologie de peintres, aux faits historiques de l'Empire du Milieu, les critiques des grands centres européens pourront-ils ajouter une analyse méthodique des styles, l'équivalent de ce qui fut fait pour les écoles primitives de nos pays, à peu près inconnues il y a un demi-siècle?

Le but de la présente exposition est de réunir une série d'exemples typiques, choisis parmi des centaines de rouleaux que possèdent actuellement Paris, Bruxelles, Londres. Ce sont surtout des collections particulières qui ont participé à ce groupement. On constatera certainement l'absence de peintures bouddhiques. Cette absence s'explique par le fait que le Musée Cernuschi se propose d'organiser l'année prochaine une exposition spécialement consacrée aux arts inspirés par les religieux de Çakia-Mouni, à travers les pays et les temps.

Nous avons tenu, de même, à réserver pour une autre fois, les œuvres dont le style accuse des tendances plus modernes et dont l'expression classique appartient aux artistes de l'Empereur K'ien-long. Le charme et l'élégance de ces œuvres justifieront pleinement une exposition spéciale dans un avenir prochain.

M. Chavannes, membre de l'Institut, et M. Raphaël Petrucci ont bien voulu se charger de la mission de relever les caractères tracés sur les rouleaux exposés, et de nous faire savoir ce qu'ils contiennent de sceaux intéressants, de dates, d'appréciations de mécènes, d'improvisations poétiques et de signatures d'artistes. Une partie de cette enquête nous a donné les éléments nécessaires pour ce petit catalogue. Une étude plus importante sera achevée vers la fin de l'année.

Parmi toutes ces œuvres, possédons-nous quelques originaux? Nous supposons que oui. Mais comment les discerner, comment définir leur caractère essentiel? C'est ici que doit intervenir l'art criticism moderne, tel qu'il fut formé dans l'étude du Quattrocento italien, procédant par l'analyse méticuleuse des formes, par la comparaison des détails morphologiques, en fixant notre attention, tantôt sur le dessin d'une extrémité, tantôt sur le groupement des pétales d'une fleur, tantôt encore sur la silhouette d'une montagne à demi voilée de nuages.... Une telle recherche sera minutieuse et difficile. Nous ne saurions avoir d'autre ambition que de l'avoir préparée par le groupement des peintures réunies ici, et leur description sommaire.

VICTOR GOLOUBEW.

H. D'ARDENNE DE TIZAC.

*Iris violets et pivoines blanches, roses, violettes et rouges, près d'un rocher.*

Dimensions : 146 × 081.

Signé à gauche, en haut : *Wang Meou.*

[Nous ne possédons pas de renseignements sur ce maître. Son savoir, délicat, mais facile, trahit une époque relativement tardive.]

*(Collection de M. Victor Goloubew)*

*Pivoines blanches et rouges, et papillons.*

Dimensions : 135 × 059.

Pas de signature ni de cachet.

[Epoque Ming.]

*(Collection de M. Lucien Henraux)*

3.

*Pivoines blanches et rouges dans un panier.*

Dimensions : 058 × 050.

Pas de signature ni de cachet.

[Epoque Ming.]

*(Collection de M. Victor Goloubew)*

4.

*Pivoines blanches et rouges, et papillons.* (Pendant du nº 2.)

Dimensions : 135 × 059.

Pas de signature ni de cachet.

[Epoque Ming.]

*(Collection de M. Lucien Henraux)*

Pl. I

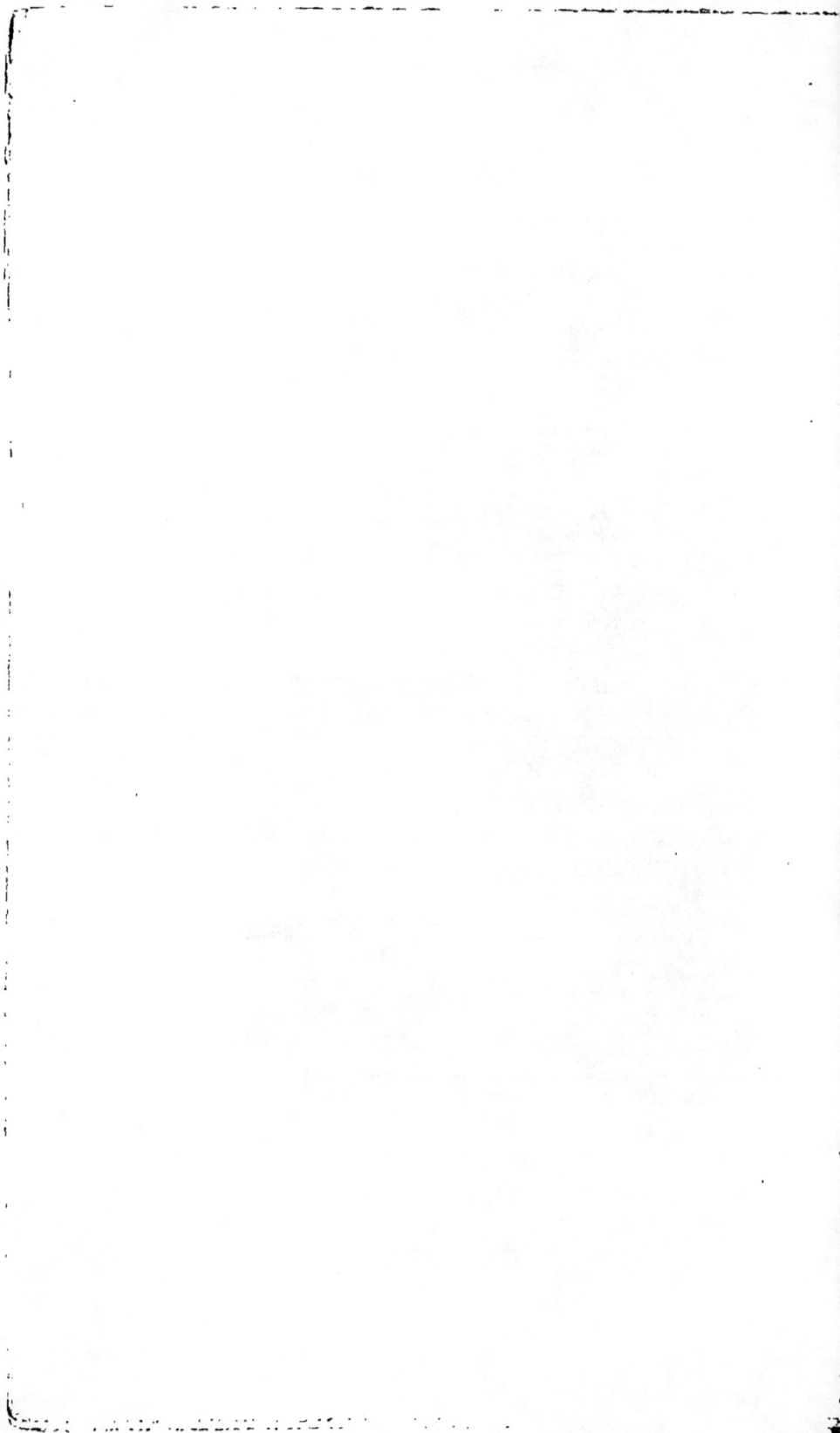

*Pivoines blanches, roses, violettes et rouges, autour d'un rocher.*

Dimensions : 163 × 103.

Pas de signature ni de cachet.

[Style de l'époque Song.]

[Le métier rappelle celui des peintures 39 et 40, attribuées à Li Ti (xii⁰ s.). Les couleurs sont vigoureuses et opaques, le dessin est ferme et sévère. Toutefois, l'exécution du rouleau pourrait être quelque peu postérieure aux Song.]

*(Appartient à M. Worch)*

*Deux hérons blancs sous un arbre aux fleurs rouges; oiseaux divers.* (Pl. I).

Dimensions : 100 × 060.

Pas de signature ni de cachet.

[Style de l'époque Yuan.]

*(Collection de M. Raphaël Petrucci)*

7.

## *Deux pigeons, rocher et fleurs.*

Dimensions : 102 × 050.

Signé à gauche : *Ts'ien Siuen-tcheu.*
Deux cachets.

[Style de l'époque Song.|

*(Collection de M. Raphaël Petrucci)*


8.

## *Grands lotus roses et blancs, sous lesquels nagent deux canards.* (Pl. II).

Dimensions : 140×087

Pas de signature ni de cachet.

[Style de l'époque Song.]

[Le peintre se plaît à l'imitation de Siu Hi,
   artiste de l'époque des cinq Royaumes (907-
   960). Les blancs et les roses furent peut-être
   renforcés ultérieurement.]

*(Collection de M. Henri Vever)*

Pl. II

*Rocher, fleurs et champignon au bord de l'eau.*

Dimensions : 124×060.

Pas de signature ni de cachet.

[Epoque Ming?].

*(Appartient à M. Léonce Rosenberg)*

*Couple de faisans dorés sur un rocher, parmi des pivoines, sous un arbre à fleurs blanches.*

Dimensions : 172×097 1/2.

Signé en haut, à droite : *Tchang Cheng* (appellation : *Tseu ho*). Deux cachets.

[Epoque K'ang-hi?].

*(Appartient à M. Worch)*

*Couple de faisans sur un rocher, parmi des fleurs, auprès d'un cours d'eau ; deux oiseaux noirs aux ailes blanches volent dans le haut, à gauche.*

Dimensions : 129 × 105.

XVI<sup>e</sup> siècle. Signé en haut, à droite : *Lu Ki.*

[Il est probable que cette signature est l'appellation de Wang Tch'ong, artiste de l'époque Ming, dont le surnom était Ya yi chan jen. (Cf. *La Peinture Chinoise au Musée Guimet*, p. 70, et *P'ei wen tchai chou houa p'ou*, chap. LVI, p. 13 ; voir aussi Catalogue de Peintures chinoises anciennes de la Collection de M<sup>me</sup> Langweil, Paris, 1911, p. 10.]

*(Collection de M<sup>me</sup> la Comtesse de B...)*

PEINTURE MONOCHROME SUR SOIE

*Un cerf tourne brusquement la tête vers un petit singe, accroché à la branche d'un arbre.*

Dimensions : 170 × 080.

Signé en haut, à droite : *Wou Song.*

[Le nom fut peut-être tracé par un japonais. Cette attribution pourrait se rapporter à Wou Tsong-yuan, peintre de la dynastie Song, qui excellait dans les sujets religieux et orna de fresques le palais impérial. (Cf. *La Peinture Chinoise au Musée Guimet,* p. 31). Le mouvement de l'animal fait songer à une peinture, attribuée à Li Long-mien, qui se trouve actuellement au Japon. Cf. *Kokka,* fasc. 41.]

*(Appartient à M. Charles Vignier)*

*Sous un pin, un tigre à robe jaune se retourne dans un mouvement sauvage.*

Dimensions : 120 × 072.

Pas de signature ni de cachet.

[Epoque Ming, fin de la dynastie. Peut-être inspiré par une œuvre de l'époque Song, de Mou K'i ou de son école. (Cf. Tajima, *Selected Relics of Japanese Art*, vol. II et *Kokka*, fasc. 190). L'œuvre qui servit de modèle devait être monochrome. Le sujet, tel qu'il se présente ici, serait désigné par un critique chinois comme « le rugissement du tigre dans une forêt de pins ».]

*(Collection de M. Victor Goloubew)*

*Deux pies, perchées sur un pin, crient vers un cerf à robe tachetée de blanc, qui se profile sur un rocher bleu, parmi des champignons et des fleurs; à gauche, en haut, volent deux chauves-souris.*

Dimensions : 135 × 100.

Pas de signature ni de cachet.

[Le métier dénote un artiste du xviii° siècle. Le choix et l'interprétation des fleurs (chrysanthèmes) se ressentent d'une influence japonaise. L'auteur de cette peinture pourrait avoir vécu dans l'entourage de Chen Ts'iuan (Nan-p'in), qui résidait à Nagasaki entre 1730 et 1735, si toutefois il n'est pas ce maître lui-même. Cf. *Kokka*, fasc. 59 et Münsterberg, *Chinesische Kunstgeschichte*, I, p. 332. Le motif des pies, juchées sur un pin, se retrouve dans une peinture murale de Kano Motonobu ; voir Raphaël Petrucci, *La Philosophie de la Nature dans l'Art d'Extrême-Orient*, pl. XII.]

*(Collection de M. Victor Goloubew)*

*Groupe de trois tigres auprès d'un pin, sur le tronc duquel se tiennent deux singes.*

Pas de signature ni de cachet.

*(Appartient à M. Charles Vignier)*

*Un tigre au dos bombé s'avance sous un pin; deux pies se penchent vers lui en criant.*

Dimensions : 165 × 105.

Signé à droite : *T'ao Yi.* Un cachet.

[Epoque K'ang-hi.]

*(Appartient à M. Worch)*

PEINTURE SUR SOIE

*Sous un arbre à fleurs rouges, se
tient un héron blanc, à demi caché par
une feuille de lotus aux bords rongés.*

Dimensions : 098 × 038.

Pas de signature ni de cachet.
[Style de l'époque Yuan.]

*(Collection de M. Stoclet)*


PEINTURE SUR SOIE

*Un groupe de trois personnages,
dont une femme sur un mulet, débouche
d'une gorge rocheuse aux tons verts et
bleus. Au dessus de la peinture, on lit
une longue inscription dorée sur soie
bleue.*

Dans le bas, à gauche, un cachet.

[Epoque Ming? A rapprocher de certaines œuvres
de Chang-Lu, notamment d'un petit paysage
où se trouve représenté Toung Fang-so,
avec un cerf et une grue et qui appartient
au Shunko-in. Voir Tajima, *Sel. Rel.* vol.
XV, pl. 24.]

*(Appartient à M. Charles Vignier)*

**19.**

*Deux grues blanches, à tête rouge, auprès de bambous.*

Dimensions : 041 × 051.

Pas de signature ni de cachet.

[Style des Song, exécution postérieure à cette époque. xiv<sup>e</sup> ou xv<sup>e</sup> siècle?]

*(Collection de M. Victor Goloubew)*


**20.**

*Sous des pins, deux personnages, sans doute originaires du Turkestan, encadrent un lion retenu par une chaîne fixée à terre, et dont la patte gauche est posée sur une boule rouge à dessins géométriques.*

Dimensions : 084 × 134.

Signé à gauche, cachets en haut, à droite et à gauche.

[Epoque Ming ? ; probablement interprété d'après un modèle vivant, à en juger sur l'apparence naturaliste du lion.]

*(Collection de M. Léonce Rosenberg)*

PEINTURE SUR SOIE

*Pivoines blanches et roses sous un grand arbre en fleurs.*

Dimensions : 182 × 082.

Pas de signature ni de cachet.

[Style de l'époque Ming.]

*(Appartient à M^me Langweil)*

22. PEINTURE SUR SOIE

*Deux canards mandarins sous un grand arbre à fleurs blanches et rouges.*

Dimensions : 208 × 089.

Pas de signature ni de cachet.

[Style de l'époque Yuan.]

*(Appartient à M. Héliot)*

*Deux canards sous un arbre en fleurs aux branches retombantes; plusieurs oiseaux sont perchés sur les branches.*

Dimensions : 159 × 098.

Pas de signature ni de cachet.

[Style de Lu Ki. Voir peinture n° 25.]

*(Appartient à M^me Langweil)*

*Deux femmes dans un jardin, sous un arbre fleuri.*

Dimensions : 057 1/2 × 027 1/2.

Cachet en bas, à gauche.

*(Collection de M. Philippe Berthelot)*

*Deux canards au corps rose, sous un arbre fleuri aux branches retombantes et chargées de neige ; quatre oiseaux noirs perchés sur l'arbre.* (Pl. III).

Dimensions : 186 × 107.

Signé en haut, à gauche : *Lu Ki* (début du xvie siècle).

*(Appartient à M. Marcel Bing)*


26.      PEINTURE SUR SOIE

*Couple d'oiseaux sous un arbre aux fleurs blanches ; deux petits oiseaux sur une branche.*

Dimensions : 157 × 045 1/2.

Pas de signature ni de cachet.

[Style de l'époque Song.]

*(Appartient à M. Worch)*

*Trois hérons blancs sous un arbre chargé de neige ; divers oiseaux sont perchés sur les branches.*

Dimensions : 181 × 084.

Pas de signature ni de cachet.

[Fin de l'époque Yuan ou époque Ming ? Tajima publie dans le 2ᵉ vol. des *Sel. Rel.* une peinture du même style, réprésentant également des hérons blancs dans un paysage d'hiver et appartenant au temple de Nishi Hongwanji à Kyoto. Il attribue cette peinture à Chan Chung-mu, fils de Chan Mang-tun, né en 1254.]

*(Collection de M. Victor Goloubew)*

*Phénix, grues, perroquets et oiseaux divers, s'ébattant sous un arbre, auprès d'un rocher.*

Dimensions : 106 × 186.

Pas de signature ni de cachet.
[Style de l'époque Yuan ?]

*(Appartient à Mᵐᵉ Langweil)*

Pl. III

PEINTURE SUR SOIE

*Perroquets aux vives couleurs, cacatoès blanc, sur une branche d'arbre fleuri.*

Dimensions : 117 × 060.

En haut, à gauche, inscription et cachets.

En bas, à gauche, inscription et cachets.

Peint par Wang Yuan, sur une esquisse de son frère Wang T'ao.

[Ce Wang-Yuan est peut-être Wang Yuan-k'i, « Ministre des Finances », qui vivait de 1642 à 1715.]

*(Collection de M. Lucien Henraux)*

*Portrait funéraire. Personnage assis, en costume militaire, à l'attitude brutale.*

Dimensions : 155 × 087.

En haut, une inscription vante les vertus du défunt.

[Vers 1400 ? L'artiste se ressent encore de l'influence des maîtres Yuan. Le personnage représenté ici semble du reste être un mongol. Ses ongles sont courts et carrés; le lobe des oreilles, très allongé, est collé au maxillaire ; les yeux, plus grands ouverts que d'habitude, et à la pupille dilatée, regardent avec férocité ; la cornée est d'un blanc vif et dur.]

*(Collection de M. Victor Goloubew)*

31.  PEINTURE SUR SOIE

*Chevaux à l'abreuvoir.*

Dimensions : 032 × 151

En bas, à droite, un cachet.
A gauche, signature et cachet : *Tseu-nan* (appellation de Tchao Mong-fou).

*(Collection de M. Lucien Henraux)*

32.  PEINTURE SUR PAPIER
Monochrome, à l'encre de Chine

*Un oiseau au crâne blanc, perché
sur une branche.*

Dimensions : 023 × 037.

Inscription en haut, à droite.

[**Style** de l'Ecole du Sud.]

*(Appartient à M. Héliot)*

**33.**    PEINTURE MONOCHROME SUR PAPIER

## *Deux pins aux troncs croisés.*

Dimensions : 029 × 041.

Signé à gauche : *Yu Tche-ting* (appellation : Chen-tchai). Deux cachets répètent ce nom et cette appellation (xvii<sup>e</sup> ou xviii<sup>e</sup> siècle).

*(Collection de M. Victor Goloubew)*

**34.**                    PEINTURE SUR SOIE

## *Un vieillard debout et un personnage assis.*

Dimensions : 028 × 019.

Signature et cachet en bas, à gauche.

[Imitation de Li Long-mien ?. xvi<sup>e</sup> siècle ?]

*(Appartient à M. Héliot)*

Pl. IV

**35.**

*Portrait de Lu Tong-pin, l'un des huit immortels taoïstes, personnage à l'allure noble, à longue barbe noire. (Pl. IV).*

Dimensions : 192 × 096

Une inscription en haut, à gauche, fait allusion à l'une des révélations de ce personnage surnaturel.

[Voir le N° 47, qui paraît être de la même main. Il serait osé d'attribuer ce rouleau à un peintre des T'ang ; toutefois des nombreux détails, les draperies, l'attitude du personnage, pleine de dignité hiératique et de sérénité suggèrent des raprochements avec les compositions sculptées de Long men et de la dynastie T'ang... Probablement s'agit-il ici d'une interprétation consciencieuse et recueillie, datant de l'époque Yuan ou du début des Ming d'après une peinture antérieure de quelques siècles. La conception générale est celle d'une œuvre d'édification, de « valeur magique ». En n'employant que des teintes dégradées et pâles (t'an) l'artiste suit la tradition de l'Ecole du Sud.]

*(Collection de M. Victor Goloubew)*

36. PEINTURE SUR SOIE

*Sept enfants aux visages lumineux cueillent des fruits.*

Dimensions : 158 × 082.

Pas de signature ni de cachet.

[xvᵉ ou xvıᵉ siècle.]

*(Appartient à M. Worch)* ·


37 PEINTURE SUR SOIE

*Portrait et biographie de Sou Song, duc de Wei, en costume de cérémonie. (XIIᵉ siècle.)*

Dimensions : 033×029.

Inscription sur la peinture, en haut, à gauche. Une notice biographique sur papier est encadrée avec la peinture.

[Epoque Yuan ?]

*(Collection de M. Victor Goloubew)*

Pl. V

*Une femme respire une fleur.*
(Pl. V).

Dimensions : 074×051.

Signé : *T'ang Yin* (début du xvi^e siècle).

Une poésie, tracée en haut, à droite, célèbre le modèle en vers gracieux.

[Cette pièce n'est probablement que la partie supérieure d'un portrait en plein pied. Les vers et légendes poétiques, qui accompagnent les peintures de T'ang Yin, sont pour la plupart composés par Wen Tcheng-ming; il est donc probable que dans le cas présent nous devons reconnaître dans ce peintre-poète l'auteur de l'improvisation manuscrite, qui complète la peinture. (Cf. E. Chavannes dans le *Bulletin critique* du T'oung-pao, sur le *Tchong kouo ming houa tsi*.]

*(Collection de M. Victor Goloubew)*

*Deux massifs de pivoines rouges
et blanches, issus d'un rocher.* (Pl. VI).

Dimensions : 151×090.

Pas de signature ni de cachet.
Au dos, une attestation japonaise.
Attribués à Li Ti (xɪɪᵉ siècle).

[Ces deux Kakemonos ont été acquis directe-
    ment à la vente du fonds d'objets d'art du
    temple bouddhiste Higashi Hongwanji, à
    Kyoto, en juin 1909. Il est écrit au dos :
    « Deux peintures formant un ensemble,
    dessins de pivoines par Riteki, traduction
    japonaise du nom Li Ti (1) avec attestation
    de Kano Tishen. En l'an 1745, alors que le
    Ko-Shun avait la dignité de Go-Sōjo, ces
    peintures ont été remontées à nouveau ».]

(Note du possesseur)


*(Collection de M. Bouasse-Lebel)*


(1) Li Ti : entre 1080 et 1150 environ ; dynastie Song.

Pl. VI

*Portrait de famille à cinq person-*
*nages assis et superposés en deux rangs,*
*vêtus de costumes à couleurs vives.*

Dimensions : 141×078.

Pas d'inscription ni de cachet.

[xvɪᵉ siècle. Portrait funéraire ?]

*(Appartient à M. Kalebdjian)*

*Déesses dans un paysage composé*
*d'un rocher et d'arbres grimpants.*

Dimensions : 023×030

[Voir Catalogue du Musée Guimet, Nᵒ 5. Attribué
    à Tcheou Wen-kiu, de l'époque des cinq
    Royaumes (xᵉ siècle). Cet œuvre faisait partie
    d'un album, dont le peintre Tong K'i-tch'ang
    (1555-1636) fut le propriétaire.]

*(Collection de M. Guimet)*

*Trois hommes présentent un cheval à un personnage assis, entouré d'un groupe ; peinture à couleurs grises et à traits nets.*

Dimensions : 0,31×120.

Signée : *Che K'o* ; à droite, inscription et deux cachets ; à gauche, inscription et un cachet.

[Il est plus probable qu'il s'agit ici de Wang Che-kou ou Wang Houei, qui vécut de 1632 à 1717 (Cf. Hirth, *T'oung pao*, 1905, p. 386-387 et Chavannes, op. cit. p. 518), et non du célèbre humoriste des Song. La technique semble influencée par l'étude des œuvres de T'ang Yin et de K'ieou Ying ; toutefois la composition dénote une connaissance approfondie des maîtres T'ang et Song.]

*(Appartient à M. Marcel Bing).*

*Paysage aux montagnes abruptes,*
*bleues et vertes, filigranées d'or.*

Dimensions : 024×034.

[Voir le N° 9 du Catalogue du Musée Guimet.
Attribué à Tchao Po-kiu, de l'époque Song.
Feuille tirée de l'album de Tong K'i-tch'ang;
cf. N° 42.]


45        PEINTURE MONOCHROME SUR PAPIER

*Un chat accroupi lève vivement la*
*tête vers un papillon.*

Dimensions : 083×040.

En bas, à droite, un cachet; en haut, à
gauche, une inscription, et trois cachets dont
la lecture donne : *Wou Kou-tcheou* (nom),
*Ti-ting* (surnom) et *Li-tchai* (appellation).


*(Appartient à M. Brummer)*

**46**      PEINTURE MONOCHROME SUR SOIE

*Paysage de montagnes.*

Dimensions : 029×037.

En haut, à gauche, deux cachets ; en bas, à droite, plusieurs autres cachets.

*(Collection de M. Victor Goloubew)*

**47**                  PEINTURE SUR SOIE

*Grand personnage (immortel ?) à longue barbe, debout, aux bras tombants, aux mains rejointes.* (Pl. VII).

Dimensions : 165×085.
Avec l'inscription : Dimensions : 2×085.

Inscription à droite et à gauche.

Une inscription sur onze colonnes, tracée sur papier, surmonte la peinture, et l'attribue au peintre T'eng, contemporain de l'empereur Hi-tsong (874-888), dynastie T'ang.

[Voir peinture N° 35. Probablement de l'époque Yuan ou du commencement de la dynastie Ming. Un portrait d'immortel par Tong Yuan (début des Song) est cité par le *Siuan ho houa p'ou.* Cf. Cat. Musée Guimet, p. 50.]

*(Appartient à M. Worch)*

Pl. VII

華臨待詔
陳傳宗入蜀
書畫美傳世
希有此順乃
上真跡嘗
辛絹本殘缺
駐祖師身
像產無破損
孟神人阿護
非靈諸也
一齋機軽題

*Sommets de montagnes vertes, émergeant de nuages stylisés, sous un ciel strié de bandes bleues (fragment).*

Dimensions : 084×027 1/2.

Six cachets. L'un d'eux, de forme ronde, mentionne que la peinture a appartenu à l'empereur Siuan Ho (début du xiiᵉ siècle). Un autre se lit : Houeï-tsong.

[Epoque T'ang ?]

[Peut-être fragment d'une composition plus importante.]

*(Collection de M. Victor Goloubew)*

*Deux enfants jouent avec une chauve-souris et une pie.*

Dimensions : 053×037.

Pas de signature ni de cachet.

[Epoque Ming ?]

*(Collection de M. Alphonse Kann)*

50.                              PEINTURE SUR SOIE

*Le médecin Han Pa-kou, en robe
dorée, assisté de deux disciples.*

Dimensions : 063 × 048.

Pas de signature ni de cachet.

[Style de l'époque Yuan ?]


*(Collection de M. Henri Vever)*




51.                              PEINTURE SUR PAPIER

*Trois femmes, vêtues de robes aux
couleurs vives, assises auprès d'un
rocher, lisent et font de la musique.*

Dimensions : 028 × 038.

Pas de signature ni de cachet.


*(Collection de M. Philippe Berthelot)*

**52.**  PEINTURE SUR SOIE

*Femmes et enfants se promènent et jouent dans un jardin, à la lumière de la lune.*

Dimensions : 090 × 049.

Pas de signature ni de cachet.

[Style de l'époque Ming. T'ang Yin ? Cf peinture N° 38.]

*(Collection de M. Jean Lebel)*

*Temple dans la montagne. Les
couleurs sont vives; un rouge garance
a persisté; des bleus et des verts miné-
raux se sont détachés par places.*
(Pl. VIII, en bas).

Dimensions : 036×030.

Une inscription sur papier, suivie d'un
cachet, attribue cette peinture à Li Tchao-
tao (début du VIIIᵉ siècle).

[Dynastie T'ang (VIIIᵉ siècle). Cette peinture,
par la multitude et le précieux de ses
détails, par la richesse des colorations et le
soin méticuleux apporté au dessin, est un
témoignage particulièrement instructif de
ce que put être l'école du Nord à son origine,
au temps de Li Sseu-hiun et de son fils
Li Tchao-tao.]

*(Collection de M. Victor Goloubew)*

Pl. VIII

**54.** PEINTURE MONOCHROME SUR SOIE

*Deux cormorans dans les roseaux.*

Dimensions : 156 × 060.

Signé à droite : *King tchao.*

[Epoque Song, style de l'école du Sud.]


*(Appartient à M. Charles Vignier)*


**55.** PEINTURE SUR SOIE

*Quatre personnages jouent aux dés dans un jardin.*

Dimensions : 116 × 073.

Huit cachets, distribués par deux, aux quatre coins.

[Epoque Ming ?]


*(Appartient à M. Kalebdjian)*

*Grands lotus rose-vif, aux larges feuilles nervées, au-dessus d'un canard nageant.*

Dimensions : 105 × 053.

Pas de signature ni de cachet.

[Peinture de l'époque Yuan ou du début des Ming, exécutée dans la manière de Siu-Hi (voir Tajima, *Selected Relics of Japanese Art*, vol. III).]

*(Collection de M. Lucien Henraux)*

*Aigle blanc sur son perchoir.*

Dimensions : 135 × 087.

Grand cachet, au milieu, en haut.

[Dans le caractère des aigles dits « de l'Empereur Houei-tsong ». Époque Ming ?]

*(Appartient à M. Kalebdjian)*

*Sur une branche monochrome, rehaussée de points verts, un aigle blanc, aux plumes hérissées, sommeille ; un autre, placé au-dessous, lève la tête vers lui dans un mouvement sauvage. (Pl. IX).*

Dimensions : 146×081.

Signature et cachets, en haut, à droite.

Titre de la peinture : « Celui qui se repose et celui qui mange ».

Auteur : Wang Tsin-k'ing.

Epoque Song.

[M. Chavannes qui a bien voulu étudier cette peinture et à qui nous devons la lecture des textes qui y figurent, nous communique la note suivante : « L'auteur est le fou ma tou wei Wang Tsin-k'ing, de l'époque des Song. Dans le *Yo siue lou chou houa lou* (chap. I, page 40 et suiv.) on trouve mentionnée une autre œuvre de ce peintre, intitulée : *Tableau représentant les nuages d'automne dans les dix mille gorges montagneuses*, par Wang Tsin-k'ing, de la dynastie des Song du Nord.]

*(Collection de M. Victor Goloubew)*

*Faisans au repos dans un arbre en fleurs.*

Dimensions : 146 × 079.

Pas de signature ni de cachet.

[Epoque Yuan ou commencement des Ming.]


*(Appartient à M. Charles Vignier)*

*Oiseaux et fleurs dans un paysage où des rochers se dressent au milieu de l'eau courante.*

[Style de l'Ecole du Nord ; début des Ming ?]


*(Collection de M. Raphaël Petrucci)*

Pl. IX

PEINTURE SUR PAPIER

*Canards nageant ou plongeant parmi des roseaux.*

Dimensions : 102 × 059.

A gauche, en haut, longue inscription et deux cachets.

[Style de l'époque Ming ?]

*(Appartient à M. Héliot)*

62.        PEINTURE SUR SOIE

*Un personnage au visage ironique, aux ongles effilés, est assis auprès d'un rocher.*

Dimensions : 128 × 089.

Pas de signature ni de cachet.

*(Appartient à M. Marcel Bing)*

*Aigle blanc sur son perchoir.*

Dimensions : 109 × 051.

En haut, vers le milieu, grand cachet des collections de l'empereur Houei-tsong.

*(Collection de M. Raphaël Petrucci)*

*Couple de faisans dorés parmi des pivoines.*

Dimensions : 140 × 075.

Pas de signature ni de cachet.

[Epoque Ming ?]

*(Appartient à M. Héliot)*

Pl. X

**65.**                    PEINTURE SUR SOIE

*Un aigle blanc sur une branche fleurie.*

Dimensions : 119×063.

En haut, à droite, longue inscription. En bas, à gauche, un cachet.

[Dans le caractère des aigles dits « de l'Empereur Houei-tsong ».]

*(Collection de M. Stoclet)*

**66.**                    PEINTURE SUR PAPIER

*Perroquets dans un arbre chargé de fleurs et de fruits. Peinture au trait; quelques fleurs et quelques plumes rehaussées de rouge.*

Dimensions : 126×055.

Pas de signature ni de cachet.

[Epoque Ming ?]

*(Collection de M. Lucien Henraux)*

*Pendant du N° 60.*

*(Collection de M. Raphaël Petrucci)*

**68**                    PEINTURE SUR PAPIER

*Bambous.*

Dimensions : 027×039.

[Par *Wou Tchen* (1280-1354), Cf. Cat. du Musée Guimet.]

*(Collection de M. Guimet)*

**69**                    PEINTURE SUR SOIE

*Pivoines blanches sous un arbre aux grappes de fleurs retombantes.*

Dimensions : 123×066.

Vers le milieu, à gauche, inscription et trois cachets. En bas, à gauche, un cachet.

[XIVᵉ ou XVᵉ siècle.]

*(Collection de M. Stoclet)*

Pl. XI

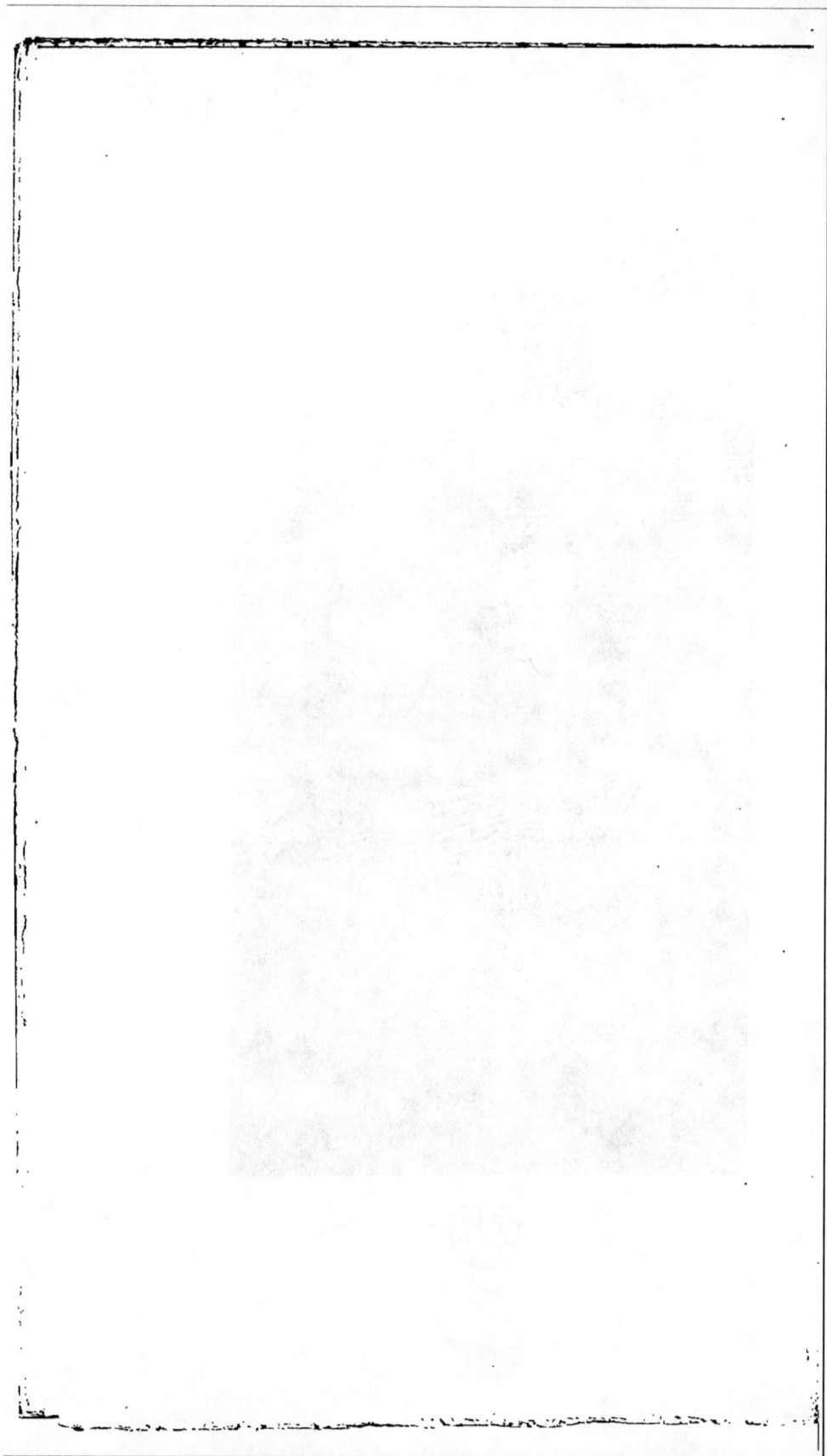

*Deux paons sur un rocher, parmi des fleurs. Peinture au trait, deux fleurs rehaussées de rouge.* (Pl. X.)

Dimensions : 126×055.

Pas de signature ni de cachet.

[Epoque Ming?]

[L'artiste, dons nous ignorons le nom, ne s'attache à aucune tradition déterminée ; pour un animalier chinois, la recherche de stylisation est un fait exceptionnel ; il n'est pas improbable que l'auteur de cette peinture soit un coréen ou un japonais.]

*(Collection de M. Lucien Henraux)*

*Deux cygnes blancs parmi des lotus aux teintes effacées.* (Pl. XI).

Dimensions : 126×070.

Pas de signature ni de cachet.

[Epoque Song].

*(Collection de M. le Vicomte de Sartiges)*

*Deux cavaliers du Turkestan atta-
chent ou maîtrisent leurs montures ; ils
ont le visage plein, le nez charnu, la
barbe frisée.*

Dimensions : 135×093.

Signé, en bas, à gauche : *Tseu-nan*
(appellation de Tchao Mong-fou).

*(Collection de M. Alphonse Kann)*

*Cavalier mongol revenant de la
chasse.* (Pl. XII).

Dimensions : 091×060.

Signé, vers le haut, à gauche : *Tseu-nan*
(appellation de Tchao Mong-fou).

*(Collection de M. Jacques Doucet)*

Pl. XII

*Chevaux au paturage et leurs gardiens.*

Dimensions : 123×095.

Cachet vers le bas, à droite.

[Style de Tchao Mong-fou, époque Yuan.]

*(Appartient à M^me Langweil)*

**75**     PEINTURE MONOCHROME SUR PAPIER

*Un coq à l'œil vif, à la patte crispée, à la queue en panache.*

Dimensions : 133×079

Signé : *K'i Leang-ts'ien*, en haut, à gauche. Deux cachets.

[La technique employée ici est le « *P'ouo mouo* », caractérisé par le « maniement audacieux de l'encre coulante » et particulièrement chère aux peintres travaillant dans le style de l'Ecole du Sud. Cf. Petrucci, *Toung Pao*, 1912, p. 85 ann. 5.]

*(Appartient à M. Héliot)*

*Deux singes noirs et un singe blanc.*
(Pl. XIII).

Dimensions : 134×083

Pas de signature ni de cachet.

[Comparer pour le sujet la 3ᵉ feuille du triptyque
du monastère *Daitoku-ji* (Japon), reproduit
dans les *Selected Relics* de Tajima, vol. I.]

*(Appartient à M. Charles Vignier)*

*Grue blanche près d'un lotus blanc.*

Dimensions : 114×029

Pas de signature ni de cachet.

*(Collection de M. Georges Viau)*

Pl. XIII

*Canards sous un rocher entouré de
fleurs blanches et rouges.*

Dimensions : 169×062.

Signé en haut, à gauche.

*(Appartient à la Société Chinoise Leyer)*

*Deux oiseaux sur une branche aux
fleurs rouges.*

Dimensions : 141×044

Pas de signature ni de cachet.

[Epoque Ming ?]

*(Appartient à la Société Chinoise Leyer)*

*Oiseau et papillon parmi des chry-
santhèmes blancs et jaunes.*

Dimensions : 114×029

Pas de signature ni de cachet.

*(Collection de M. Georges Viau)*

*Un oiseau au col taché d'orange
chante sur une branche aux feuilles
jaunies.*

Dimensions : 022×023.

Deux cachets en bas, à droite.

[Epoque Ming?]

*(Collection de M. Victor Goloubew)*

*Portrait de prêtre ; les traits du visage sont minutieusement indiqués ; fond argenté.* (Pl. XIV, en bas).

Dimensions : 014×017.

Pas de signature ni de cachet.

[xvɪᵉ siècle ?]

[M. Henri Rivière a bien voulu nous communiquer la note suivante. « Cette tête était recollée sur un « tchou » (kakemono) chinois moderne. La vieille peinture étant probablement abîmée, on l'avait recopiée tant bien que mal (plutôt mal que bien), mais le personnage principal étant moins avarié que les autres, avait été découpé dans la vieille peinture et recollé à sa place dans la moderne. Cette peinture représentait : en haut, au-dessus de quelques montagnes, une divinité assise dans un temple parmi les nuages avec quelques génies volant autour d'elle. Au milieu, le prêtre surmonté de l'inscription : « *Où les fleurs pleuvent* ». Il était entouré de deux saints personnages, l'un tenant la queue de bœuf, l'autre un long bâton. Le prêtre tenant un sceptre était assis devant une petite table à offrandes. En dessous, agenouillés et joignant les mains, quatre personnages et un enfant dans l'attitude de la prière avec cette inscription en bas « *L'étang des lotus aux neuf degrés de l'occident.* » Il est donc clair que ce portrait appartenait à une grande composition, conçue d'après une légende bouddhique, importée en Chine.]

*(Collection de M. Henri Rivière)*

55

**83.**

*Une mante verte, sous une branche portant des cosses rousses et un fruit en forme de soleil rouge.*

Dimensions : 032 × 026.

Pas de signature ni de cachet.

[Epoque Ming (début).]

*(Collection de M. Raphaël Petrucci)*


**84.**

*Trois personnages accroupis autour de vases et de fruits.*

Dimensions : 015 × 019

Inscription sur papier, et un cachet.

[Epoque Yuan ?]

*(Collection de M. Victor Goloubew)*

Pl. XIV

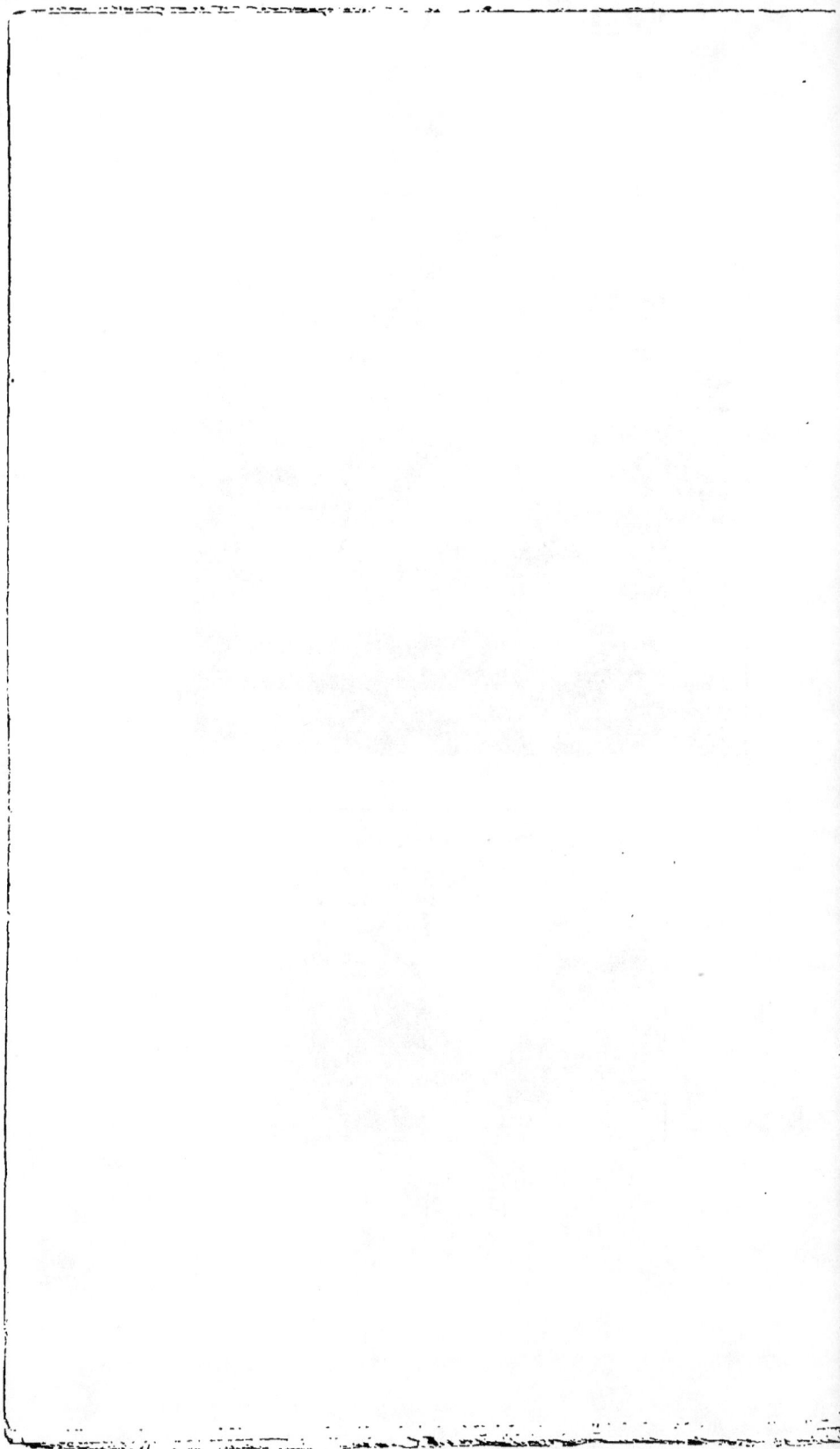

*Personnage à cheval, suivi de deux serviteurs dont l'un porte deux boîtes. (Les vêtements ont en grande partie perdu leur peinture).(Pl. XIV, en haut).*

Dimensions : 033 ×051.

Signé: *Tseu-nan* (appellation de Tchao Mong-fou), en haut, à droite, et un cachet.

*(Collection de M. Stoclet)*

86.    PEINTURE MONOCHROME SUR SOIE

*Temple au sommet d'une montagne.*

Dimensions : 022 × 019.

Cachet en bas, à droite.

[Epoque Yuan ?]

*(Collection de M. Victor Goloubew)*

87.     FRAGMENT DE PEINTURE SUR SOIE

*Deux canards.*

Dimensions : 025 × 024

Signé à gauche : *Wang Yuan.*
Fragment de cachet à droite.

*(Appartient à M. Charles Vignier)*

88.                            PEINTURE SUR SOIE

*Eléphant blanc au pâturage, et son conducteur.*

Dimensions : 031 × 021.

Pas de signature ni de cachet.

[Le sujet semble tiré d'un Jātaka bouddhique. xvᵉ siècle ?]

*(Appartient à M. Charles Vignier)*

**89.**     PEINTURE SUR PAPIER PAILLETÉ D'OR

*Trois femmes aux longues écharpes se promènent sous la lune.*

Dimensions : 033 × 022

Pas de signature ni de cachet.

[XIVe siècle ?]

*(Appartient à M. Charles Vignier)*

**90.**                    PEINTURE SUR SOIE

*Une oie sauvage parmi des branches et des fleurs (rehauts de plomb provenant de retouches ou de la décomposition d'une ancienne couleur).*

Dimensions : 026 × 032

Signé à droite : *Tsouei Po.*

[Époque Song.]

*(Collection de M. Victor Goloubew)*

*Sous une branche aux fruits lourds, trois singes au pied d'une chute d'eau ; les eaux sont stylisées en volutes archaïques.*

Dimensions : 031 × 026

En bas, à droite, traces de cachet.

[Epoque Ming ?]

*(Collection de M. Victor Goloubew)*


92.                PEINTURE SUR SOIE

*Pigeon sur une branche de châtaignier.*

Dimensions 027 × 028.

Signature et cachet en haut, vers le milieu.

[Style de l'Epoque Ming ?]

*(Collection de M. Victor Goloubew)*

**93.**

*Paysage d'hiver, maison sur pilotis, montagnes au bord de l'eau.*

Dimensions : 032 × 026.

Pas de signature ni de cachet.

[Imitation d'après *Ma Yuan ?* xvi<sup>e</sup> ou xvii<sup>e</sup> siècle.]

*(Collection de M. Victor Goloubew)*

**94.**

*Oie sauvage parmi des roses et des bambous.*

Dimensions : 141 × 081.

Signé : *Lu Ki*, à gauche, et plusieurs cachets.
Début du xvi<sup>e</sup> siècle.

*(Appartient à M. Worch)*

*Personnage en marche, tenant une fleur à la main.*

Dimensions : 133 × 055

Signature à droite, et cachet.
Attribué par la signature à *Wou Tao-yuan.*

*(Appartient à M. Worch)*

*Paysage de cîmes vertes et bleues. Au premier plan, vers le bas, un personnage mange dans une maison; deux cavaliers franchissent un pont.*

Dimensions : 192 × 046.

Signature et cachets en haut, à gauche.

[Style de l'époque Yuan ?; d'après une peinture de Wang Wei ?]

*(Collection de M^{me} la Princesse Eugène Murat)*

PEINTURE SUR PAPIER

*Deux cavaliers mongols reviennent de la chasse. (Influence persane sensible dans les ombres des visages, dans l'esquisse du second cheval, etc.).*

Dimensions : 062 × 063.

Signé en bas, à gauche : *Tseu-nan* (appellation de Tchao Mong-fou).

*(Collection de M. Bouasse-Lebel)*


PEINTURE SUR SOIE

*Cavalier originaire du Turkestan, maîtrisant son cheval au bord d'un ravin.*

Dimensions : 057 × 086.

Cachet vers le bas, à gauche.

[Epoque Ming ?]

*(Collection de M. Henri Vever)*

*Enfants et chèvres.*

Dimensions : 126×062.

Pas de signature ni de cachet.

[Dans le style de Han Kan (xv⁰ ou xvi⁰ siècle) ;
à comparer avec l'image d'un Rishi, monté
sur une chèvre, œuvre attribuée à ce peintre
et appartenant au British Museum.]


*(Appartient à M. Marcel Bing)*

*Deux cailles sous une touffe de
fleurs rouges, entourée d'abeilles et de
papillons.*

Dimensions : 072×035.

Pas de signature ni de cachet.

[Style de l'école du Nord.]


*(Collection de M. Raphaël Petrucci)*

101.    PEINTURE MONOCHROME SUR PAPIER

*Buffles en mouvement ou au repos.*

Dimensions : 064 × 048.

Pas de signature ni de cachet.

*(Collection de M. Lucien Henraux)*


102.                    PEINTURE SUR SOIE

*Vieillard assis, encadré de deux assistants. Un singe lui présente un fruit.*

Dimensions : 142 × 075.

[Epoque Yuan ?]

*(Collection de M. Raphaël Petrucci)*

*Couple de canards mandarins nageant sous une touffe de roses.*

Dimensions : 091 × 092.

Pas de signature ni de cachet.

[Style de l'époque Ming ?]

*(Collection de M. Marcel Bing)*

*Au premier plan, un cheval blanc en train de paître ; un cheval gris, patte levée, retourne la tête vers un cavalier mongol qui, au second plan, poursuit un cheval bai en plein galop.*

Dimensions : 094×069

En bas, à droite, un cachet.

[Style de Tchao Mong-fou.]

*(Collection de M. Victor Goloubew)*

DEUX PEINTURES SUR SOIE
DANS LE MÊME CADRE

A. — *Paysage montagneux au bord de la mer.*

Dimensions : 026 1/2×062.

Signé par *Wen Tcheng-ming* (1480-1559). Notice par Houang Tao-tcheou (1582-1646).

B. — *Présentation d'un cheval blanc à un personnage couché, auprès d'une maison.* (Pl. VIII, en haut).

Dimensions : 053×078 1/2.

Signé par *Tchao Mong-fou*. Notices par Houang Tao-tcheou (1582-1646), par Yun Ko (1633-1690), par Tch'en K'i-jou (xviiᵉ siècle), par Tcheou Wen-ming, et par Chen Tcheou. Voir n° 59 du Catalogue de Mᵐᵉ Langweil.

*(Collection de Mᵐᵉ la Princesse Eugène Murat)*

*Un cavalier mongol poursuit en plein galop un cheval qui s'est débarrassé de son cavalier.*

Dimensions : 075×058

Inscription de droite : éloge de la peinture, en prose, non daté, par Kao Ki ; attribution à Tchao Mong-fou. Inscription de gauche : en vers, par Tchang Pi, datée de 1481.

*(Collection de M. Alphonse Kann).*

*Cortège de chasseurs au bord de l'eau (influence persane).*

Dimensions : 086×075

Attribué par la signature (en bas, à gauche), à *Tchao Yong* (fils de Tchao Mong-fou).

*(Appartient à M. Worch)*

*Cheval blanc, aux pattes longues et fines, portant un harnachement aux vives couleurs.*

Dimensions : 048×046.

Inscription à droite, le comparant au givre pour la blancheur.

[Style de l'époque Ming ?]

*(Collection de M. Jacques Doucet)*

*Chevaux amenés en tribut à un personnage assis.*

Dimensions : 030×075

Signé en haut, à gauche : *Tseu-nan* (appellation de Tchao Mong-fou).

*(Collection de M$^{me}$ la Comtesse de B...)*

*Une vache et son veau paissent sous un grand saule enveloppé d'une atmosphère vaporeuse ; leur gardien est assis au pied du saule.*

Dimensions : 058×047

Inscription, signature et cachets en haut, à gauche. Signé : *Tchao Yong* (fils de Tchao Mong-fou).
Daté : 4 juin 1319.

[Cf. N° 108 : il est facile de constater que les deux peintures ne peuvent pas être de la même main.]

*(Collection de M. Victor Goloubew)*


**112**   PEINTURE MONOCHROME SUR SOIE

*Un fleuve sillonné de barques, coule entre des montagnes et des rochers.*

Dimensions : 160×102

Pas de signature ni de cachet.

[Style de l'époque Ming.]

*(Collection de M. Tremenheere)*

*Un cerf sellé, aux jambes fines, debout sur des nuages stylisés. Un « champignon de bonne augure » est posé sur la selle. Au-dessus de sa tête, parmi des feuillages, un grand disque contient cinq divinités. (Effet lumineux sur le ventre du cerf et sur le disque, produit par la combinaison d'or et de rose). (Pl. XV).*

Dimensions : 081×036.

Pas de signature ni de cachet.

[Peinture japonaise ?]

(Cf. le Cerf Sacré de Kasuga, par Taka-kané Taka-Shina, xive siècle. Bijutsu gaho, t. 19, n° 6).

*(Collection de M. Lucien Henraux)*

*Halte de chasse impériale; au milieu, en robe jaune, l'empereur.*

Dimensions : 030×029.

Pas de signature ni de cachet.

*(Collection de M. Henri Vever)*

*Petit canard duveté, sur un rocher.*

Dimensions : 058×047.

A gauche, inscription sur trois colonnes et cachets.

[Epoque Ming ?]

*(Collection de M. Henri Vever)*

Pl. XV

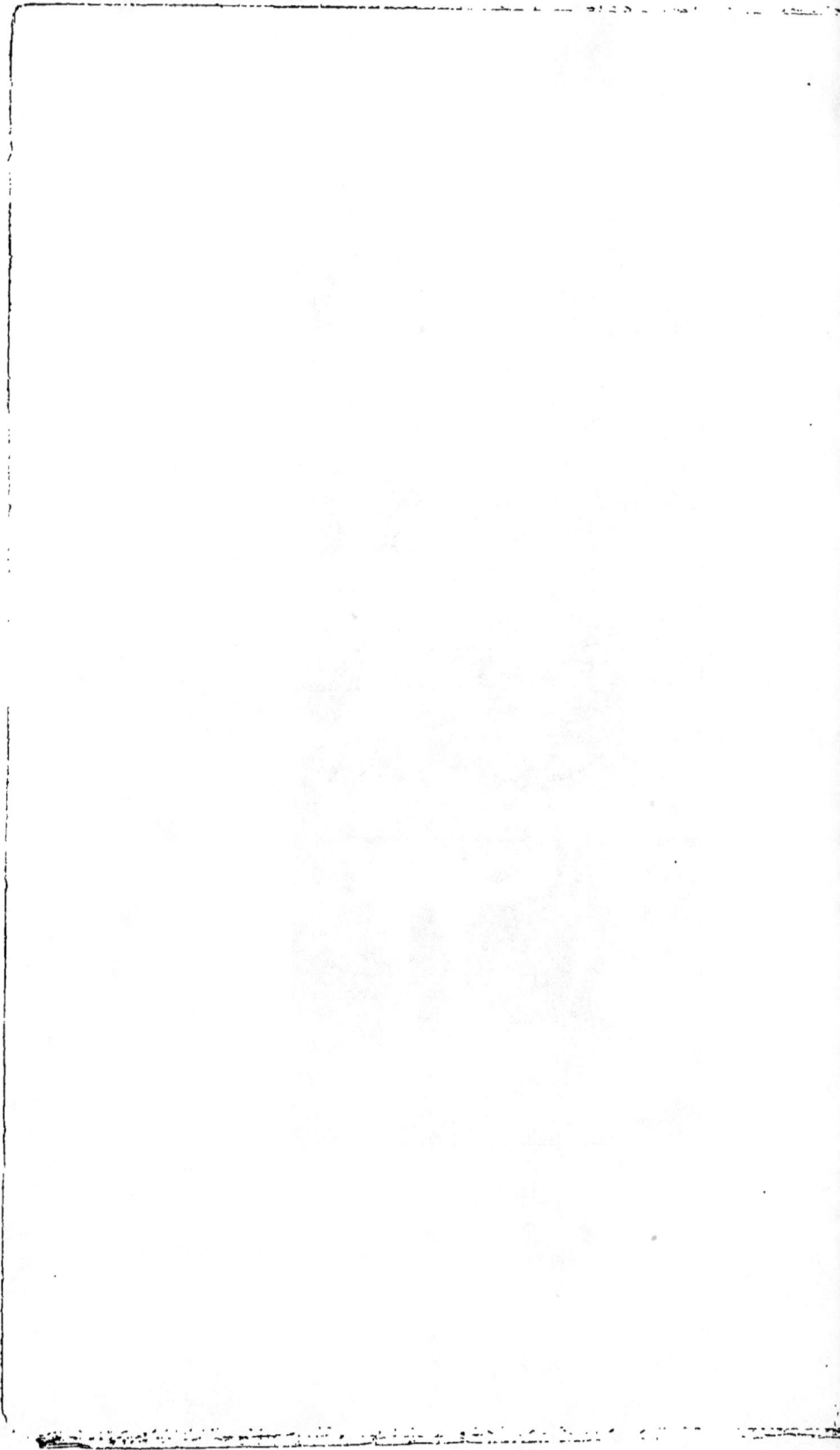

PEINTURE SUR SOIE

*Chevaux et cavaliers au bord d'un cours d'eau.*

Dimensions : 110×050.

Pas de signature ni de cachet.

[D'après Tchao Mong-fou ?]

*(Collection de M. Henri Vever)*

PEINTURE SUR SOIE

*Un personnage corpulent, au visage rusé (type des habitants du Turkestan), derrière lequel un enfant se dérobe à demi, considère un cheval blanc attaché à un arbre, auprès d'un fleuve.* (Pl. XVI).

Dimensions : 137×097.

Pas de signature ; en bas, à droite, deux cachets.

[Epoque Yuan.]

*(Collection de M. Lucien Henraux)*

**118.**                    PEINTURE SUR SOIE

*Sous un arbre dépouillé, un cheval*
*bai hume l'air.*

Dimensions : 085 × 050.

Pas de signature ni de cachet.

[Epoque Yuan.]


*(Appartient à M. Charles Vignier)*


**119.**                    PEINTURE SUR SOIE

*Pied de pivoines aux couleurs*
*passées.*

Dimensions : 180 × 046.

Inscription et deux cachets, à droite.
Cachet en bas, à gauche.

[Epoque Yuan ou début des Ming.]


*(Appartient à M^me Langweil).*

Pl. XVI

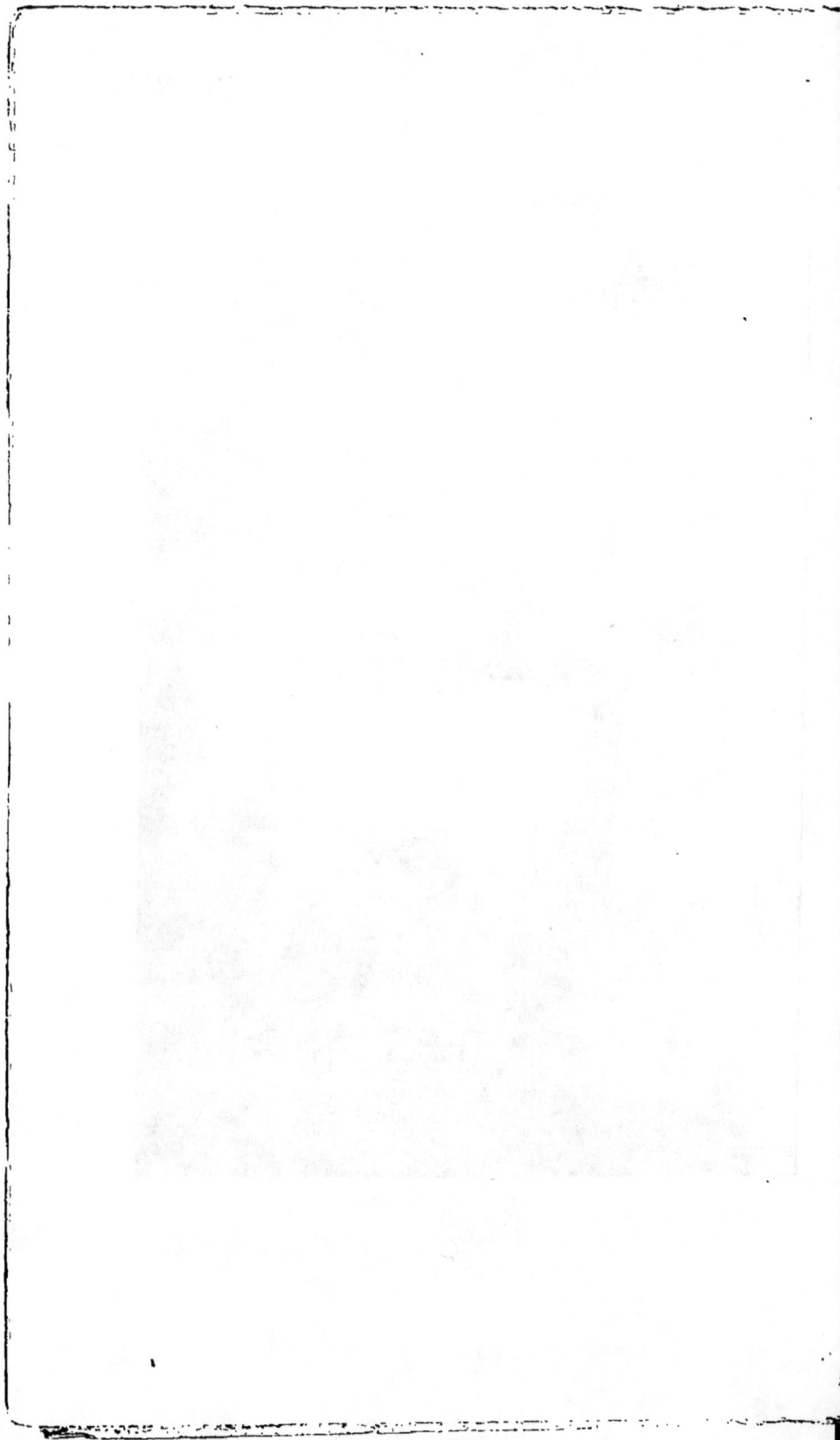

**120.** PEINTURE SUR SOIE

*Grand dragon émergeant de nuages.*

Dimensions : 155 × 100

Pas de signature ni de cachet.

[Epoque Ming ; d'après *Mou Kï*. Cf. Tajima,
*Selected Relics*, vol. II. Reproduction d'une
peinture du même sujet appartenant au
couvent Daitoku-ji.]

*(Appartient à M. Meyer-Riefstahl)*


**121.** PEINTURE « AU DOIGT » SUR PAPIER

*Un vieillard debout considère une
branche fleurie dans un vase.*

Dimensions : 116 × 063

Inscription sur quatre colonnes et deux
cachets en haut, à droite, attribuant la peinture à Kiu Tch'ouan.

[xvii<sup>e</sup> siècle ?]

*(Collection de M. Bouasse-Lebel)*

*Vol de grues autour d'un pin.*

Dimensions : 178 × 086.

Pas de signature ni de cachet.

[D'après Wen Tcheng-ming?]

*(Collection de M. Georges Viau)*

*Cavaliers mongols en diverses scènes de chasse; l'une de ces scènes reproduit à peu près exactement la poursuite d'un cheval échappé.* (Voir N° 107).

Dimensions : 168×102.

Signé vers le bas, à droite : *Tseu-nan* (appellation de Tchao Mong-fou) et un cachet.

*(Collection de M. Henri Rivière)*

[Les peintures réunies ici sous le nom de Tchao Mong-fou ne peuvent pas être toutes attribuées au maitre. Elles appartiennent à des époques différentes et la qualité de leur exécution varie très sensiblement. Cet ensemble, tel qu'il se présente, complète d'une façon très précise les notions que nous donnent les sources littéraires sur Tchao Mong-fou et ses imitateurs. Au xve siècle, Wen Tcheng-ming se plaisait à rappeler dans certaines de ses œuvres le génie et le savoir du grand peintre Yuan. Cet exemple fut suivi par nombre d'artistes travaillant sous les Ming et la dernière dynastie régnante.

Nous sommes donc ici en présence, non d'un seul artiste, mais d'une tradition, maintenue tantôt par des artistes à inspirations originales, tantôt par des imitateurs. Le fait que le cachet et la signature de Tseu-nan se répètent sur chaque rouleau ne constitue pas la preuve d'un faux. Il signifie seulement que tel tableau a été reconnu digne du maître par un amateur ou un critique, ou bien encore que le copiste soucieux de restituer l'original dans tous ses détails, a poussé la fidélité de la transcription jusqu'à recopier même la signature.]

*Un Sien-jen en contemplation dans une barque, sous un arbre rebroussé par le vent.*

Dimensions : 110×053.

Inscription vers le haut, et deux cachets.
Peinture attribuée à Ma Lin, fils de Ma Yuan, peintre de l'époque Song.

*(Collection de M. Raphaël Petrucci)*

*Deux cygnes nagent sous un arbre en fleur.*

Dimensions : 098×105.

Pas d'inscription ni de cachet.

[Style de l'époque Ming.]

*(Collection de M. Tremenheere)*

PEINTURE SUR PAPIER

*Grue dessinée brusquement sur un paysage de neige.*

Dimensions : 114×044.

En bas, à droite, deux cachets.

*(Collection de M. Raphaël Petrucci)*


PEINTURE SUR SOIE

*Deux chasseurs; l'un d'eux, à cheval, vise un perroquet avec une flèche.*

Dimensions : 027×020

Pas de signature ni de cachet.

[Style de l'époque Ming.]

*(Collection de M. Philippe Berthelot)*

*Portraits de maître Tcheou Lien-k'i,
philosophe intendant des eaux et forêts,
et du grand conseiller Tcheou Yi-kong*
(XIᵉ siècle).

Dimensions : 034 × 085.

Plusieurs inscriptions et un grand cachet.

[Peinture de l'époque Ming ?]

*(Appartient à la Société chinoise Leyer)*

*Deux chasseurs visant un lièvre.*

Dimensions : 027 × 020.

Pas de signature ni de cachet.

[Style de l'époque Ming.]

*(Collection de M. Philippe Berthelot)*

*Grue dressée sur une patte.*

Dimensions : 070 × 033.

Signature et cachet à droite, vers le milieu.

[Style de l'époque Yuan ?]

*(Collection de M. Stoclet)*

*Une grue blanche debout parmi des fleurs roses.*

Dimensions : 082 × 091.

Pas de signature ni de cachet.

[Style de l'époque Ming.]

*(Appartient à la Société chinoise Leyer)*

*Deux oiseaux à long bec autour d'une fleur rose.*

Dimensions : 071×041.

Pas de signature ni de cachet.

[Style de l'époque Ming.]

*(Collection de M. Henri Vever)*

*Kiosque construit au-dessus de l'eau, sur un fond de montagnes.*

Dimensions : 170×100.

Signé en bas, à droite.
Attribué à Ma Yuan.

*(Collection de M. Bouasse-Lebel)*

*Faucon sur son perchoir.*

Dimensions : 085 × 029.

Pas de signature ni de cachet.

*(Collection de M. Raphaël Petrucci)*

*Chats dissimulés sous un plant de pivoines du Ho nan et guettant deux oiseaux.*

Dimensions : 100 × 050.

*(Collection de M. Raphaël Petrucci)*

*Couple de faisans dorés parmi des fleurs.*

Dimensions : 145 × 680.

[Peinture du genre dit *houa-m'ao.*]

*(Collection de M. Raphaël Petrucci.)*

*Deux oiseaux sur une branche fleurie.*

Dimensions : 100 × 039.

*(Collection de M. Raphaël Petrucci)*

**138.**     PEINTURE MONOCHROME SUR SOIE

*Deux aigles sur une branche.*

Dimensions : 115 × 059.

Inscription en haut, à gauche.

[D'après une peinture Song ?]


*(Appartient à M. Héliot)*


**139.**                    PEINTURE SUR SOIE

*Groupes de femmes et d'hommes
empressés autour d'un personnage assis.*

Dimensions : 029 × 098.

Inscription et cachet, à gauche. Cachet
en bas, à droite.

Style de l'époque Ming.]


*(Collection de M. Benson)*

**140.** PEINTURE SUR SOIE

*Paysage montagneux au bord d'un fleuve.*

Dimensions : 085 × 042

Pas de signature ni de cachet.

[Dans la manière de Ma Lin.]

*(Collection de M. Martin White)*

**141** PEINTURE SUR SOIE

*Album de 8 peintures sur soie représentant 16 lohans sur fond noir.*

[Période Song ?]

*(Appartient à M. Worch)*

*Wou Yo Sseu tou che tsi t'ou.*

Tableau des faits les plus mémorables de l'histoire des cinq montagnes sacrées et des quatre fleuves principaux divinisés par les Chinois.

[Mythologie taoïste : Histoire des Dieux, des montagnes et des fleuves en 9 tableaux.]
[Epoque Ming. Makémono.]

*(Collection de M. Vissière)*

*Divinités et génies attribués à Li Long-mien ; daté de 1086.*

Makémono.
(Voir catalogue exposition Guimet, n° 1, page 81).

*(Collection de M. Henri Vever)*

*Paysages chinois de Sou H'an-tch'en.*

(xvᵉ siècle). Makémono.

(Voir catalogue exposition Guimet, n° 5, page 81).

*(Collection de M. Henri Vever)*

# LISTE DES COLLECTIONNEURS

---

M<sup>me</sup> la Comtesse de B....

M. Benson, Londres.

M. Philippe Berthelot, 126, boulevard Montparnasse.

M. Marcel Bing, 10, rue St-Georges.

M. Bouasse-Lebel, 19, quai Malaquais.

M. Brummer, 3, boulevard Raspail.

M. Jacques Doucet, 19, rue Spontini.

M. Ducoté, 7, rue Le Tasse.

M. Roger Fry, directeur du *Burling-
ton Magazine*.

M. Victor Goloubew, 26, avenue du
Bois de Boulogne.

M. Emile Guimet, directeur du Musée
Guimet.

M. Héliot, 34, rue de Berlin.

M. Lucien Henraux, 5, rue Clément-Marot.

M. Kalebdjian, 32, rue Lepelletier.

M. Alphonse Kann, 41, avenue du Bois de Boulogne.

M<sup>me</sup> Langweil, 26, place St-Georges.

M. Jean Lebel, 81, avenue de Villiers.

M. Martin White, Londres.

M. Meyer-Riefstahl, 72, faubourg St-Honoré.

M<sup>me</sup> la Princesse Eugène Murat, 11, rue de Lübeck.

M. Raphaël Petrucci, 55, rue des Champs-Elysées, Bruxelles.

M. Henri Rivière, 29, boulevard de Clichy.

M. Léonce Rosenberg, 22, rue Lavoisier.

M. le Vicomte de Sartiges, rue de l'Elysée.

Société Chinoise Leyer, 34, rue Taitbout.

M. Stoclet, 303, avenue de Terouen, Bruxelles.

M. Tremenheere, Londres.

M. Henri Vever, 59, rue La Boëtie.

M. Georges Viau, 109, boulevard Ma-
lesherbes.

M. Charles Vignier, 34, rue Laffitte.

M. Vissière, 44, rue du Ranelagh.

M. Worch, 9, rue Bleue.

———

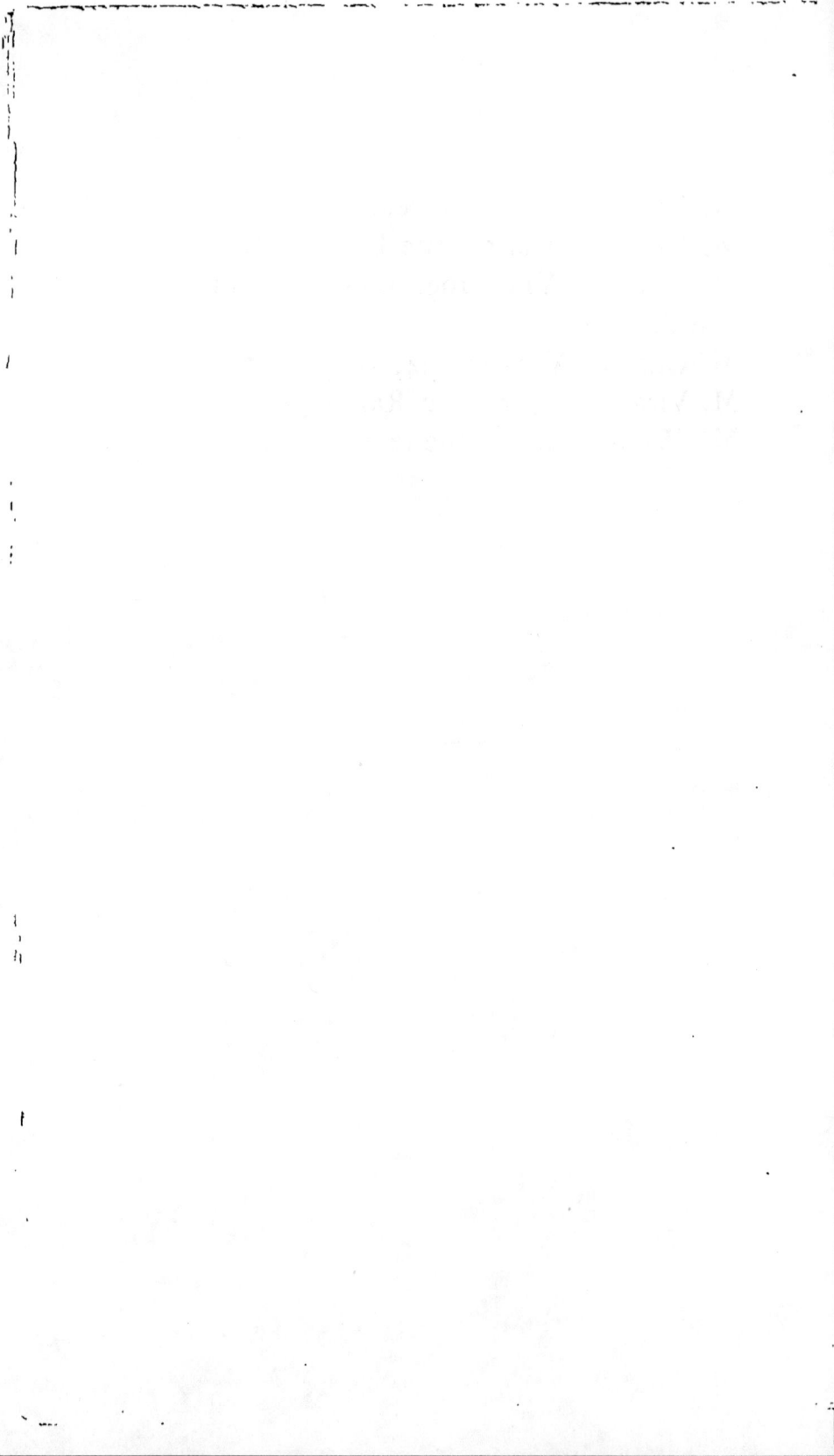

ANDRÉ MARTY

20, rue Bertrand.

www.ingramcontent.com/pod-product-compliance
Lightning Source LLC
Chambersburg PA
CBHW071831090426
42737CB00012B/2230